Della Piantagione E Coltivazione De Gelsi In Toscana Cagione Di Ricchezza Ragionamento

Domenico Maria Manni

In the interest of creating a more extensive selection of rare historical book reprints, we have chosen to reproduce this title even though it may possibly have occasional imperfections such as missing and blurred pages, missing text, poor pictures, markings, dark backgrounds and other reproduction issues beyond our control. Because this work is culturally important, we have made it available as a part of our commitment to protecting, preserving and promoting the world's literature. Thank you for your understanding.

DELLA PIANTAGIONE
E COLTIVAZIONE DE' GELSI
IN TOSCANA
CAGIONE DI RICCHEZZA.
RAGIONAMENTO
DI DOMENICO MARIA MANNI
UNO DEGLI ACCADEMICI DELL'AGRICOLTURA
DI FIRENZE.

ALL' ILLUSTRISS. E REVERENDISS. MONSIGNORE
D. ARNALDO SPERONI
NOBILE PADOVANO
DELL' ORD. DI S. BENEDETTO DELLA CONGR. CASINESE
VESCOVO D'ADRIA
E DELLA SANTITÀ DI NOSTRO SIGNORE
PAPA CLEMENTE XIII.
PRELATO DOMESTICO, ED AL SOGLIO PONTIFICIO
ASSISTENTE.

IN FIRENZE L'ANNO MDCCLXVII.
NELLA STAMP. DI PIETRO GAET. VIVIANI.
CON LICENZA DE' SUPERIORI.

ILLUSTRISS. E REVERENDISS.
MONSIGNORE.

Di mia intera soddisfazione non fu mai, MONSIGNORE ILLUSTRISS. E REVERENDISS. la indiretta maniera, che da alcuni si pratica nel preparar difesa all' Opere d'ingegno coll' altrui protezione. Non parlo io di quelli, che travolgendo obliquamente, il sentiero calcano dell' adulazione. Di coloro io intendo, i quali da una schietta veracità non dilungandosi, prepongono a i loro Libri, in luogo di Dedicazione, un' Istoria, col farsi a discorrere dall' antiche genealogie, ed aprendo, per così dire,

dire, le tombe, per trarne fuori, di quei, che riposano, le onorevoli divise. E ben come potrei io ora adoprare in tal guisa? Donde mai saprei io della vetustissima Patrizia Prosapia degli Speroni Alvarotti, onore, ed ornamento della Città di Padova, ricca di molte illustri glorie sì nell' Armi, che nella Toga, e nelle Lettere, nelle quali riluste, e si fe onore la Toscana forbita penna del Cav. Sperone Speroni, trarre pe'l mio dire il principio? Cominciar dovrei io forse da quel, che per antico ne ragionò il Pignoria? ed in specie dalla Legazione di Iacopo Alvarotti all' Imperatore Arrigo VII. o da quel, che altresì il Salomoni, cioè, che fu già loro il Castello di Villanuova, e che essa Famiglia degli Alvarotti è l'istessa di quella degli Speroni, coll' esser fiorita d'uomini forti, e prodi, ed eloquenti fino avanti a' tempi di Ezelino? o sivvero da quel, che si legge in S. Paolo di Ferrara nell' Inscrizione fatta a quell' altro IACOBO ALVAROTTO IVRECONSVLTO ET EQVITI CLARISSIMO? o veramente da ciò, che il celebre Sig. Facciolati poc' anzi ha dimostrata, che Speronum Familia longe nobilissima est? Io così facendo, oltre il pericolo di lasciare il più bello, e prestare nell' oblivione; con simili rammemoranze non prenderei di mira il principale scopo, vale a dire, l' aver io sortito un Letterato riguardevolissimo Prelato, decoro delle Accademie, a cui è ascritto, il quale divenendo emulatore del favore, che prestavano gli Antenati suoi, si degna di favorire le cose mie.

Sem-

Sembra, che alcuni facciano come di sopra, perchè nelle personali prerogative non ben s'intraducono col pensiero. Il mio è stato di raccomandare a Chi un'util parte dell'Agricoltura ebbe già vaghezza di traslatare per applicarsi dipoi, come ha fatto, a materie vaste, e sublimi, quali sono le sacre Istorie; di raccomandarli, io diceva, questa mia non dissimile utilissima Operetta, la quale ha per oggetto l'arbore,

La cui fronde ha virtù, che il Verme pasce,
Onde il mondo novel si adorna, e veste;

e la quale viene a seconda delle provide cure sul commercio, che ha pe'l nostro felice Stato il REAL SOVRANO della Toscana. Mio pensiero altresì è di por questa nella protezione di chi tanto il Tosco parlare ama, e vezzeggia, quanto valutano i dotti, e quanto si ravvisa dalle eccellenti produzioni stesse. Ed è in fine di acquistar reputazione alla mia fatica per la ragguardevolezza di esse Fatiche di V. S. ILLUSTRISSIMA, E REVERENDISSIMA, delle quali superfluo sia rammentare il merito, che bene il sa l'Italia, e la Francia, e fu palese alla savia mente del Som. Pont. CLEMENTE XIII. nell'esaltarvi alla Dignità Vescovale sul fiore degli anni vostri, di quegli anni, che promettono di VOI ancor più. Quello però, che io non so tacere, è la egualità, e compostezza d'animo, che in VOI lampeggia, ancorchè asceso a tanto Posto, e la gentil degnazione, che io ne' passati dì ho ammirata l'istessa, che era quando ebbi la sorte di conoscere V. S. ILLUSTRISSIMA Religioso in

questa

questa Badia di Firenze, e di aver con VOI frequenti volte conversazione. Tale umanità, confesso il vero, mi ha servito di stimolo a pregarvi del patrocinio bramato, non senza speranza d'ottenerlo; nell'atto, che col bacio della sacra mano, imploro, che la passata servitù, se la grave mia età il comporta, rinnovellandosi si accresca.

Di V. S. Illustriss. e Reverendiss.

Firenze 7. di Aprile 1767.

Umiliss. Serv.
DOMENICO MARIA MANNI.

INTRODUZIONE DE' GELSI
IN TOSCANA.

O non saprei ben discernere, Accademici studiosissimi, quali siano i più, o gli uomini, che l'inganno, onde son presi, non conoscono, o coloro, che conoscendolo, e spaventevole reputandolo, stanno storditi, giusto come i fanciulli fanno, che desti la notte al buio per paura si cuoprono, e si stan cheti. Che il privato interesse regoli delle azioni umane la più parte, tutti il fanno, e che la rustica gente tratti d'ordinario la sua arte qual matrigna disamoratamente, è troppo noto. Un de' riscontri ne è, che dalle persone di Villa per lunga età siasi trascurata nella nostra Campagna, in quella, che fertile è non solo de' prodotti necessarj, ma di varie delizie al vitto servienti, si sia trascurata, e posta in non cale la tanto beneficente Pianta, producitrice di gran ricchezza, del Gelso, altramente detto Celso, o Moro. Gli agricoltori (chi no'l sa?) alieni da' magnanimi sentimenti, non veggendo di essa pianta dover percipere per loro stessi, piuttosto di quelle di frutti da mangiare, ove il guadagno sembra loro certo, e per se, amano porre, e nutrire.

O fortunatos nimium sua si bona norint!

Il racconto accurato di quel, che innanzi di noi è avvenuto di simile stimabil piantagione con gran danno negligentata, dovrà servir di sprone ad ampliarne pur or la cultura, e l'uso; e ad emendare la malavvedutezza de' passati Villani, e non abbastanza scrutanti l'industrie mirabili della natura. Che più? (direbbe alcuno) de' dotti ancora; mentre il P. Chircher soffrì anch'egli illusione, credendo, e scrivendo replicatamente nel suo Mondo sotterraneo, che l'Albero del Moro generi i Bachi da seta, o Filugelli, impregnato dalla semenza di qualche animaletto penetrata nella sua sostanza. Si poteva egli obbliarla biliarla maggiormente? Sieno notate, tracurati di confusione le parole del Bando de' 29. di Gennaio del 1607. per conto de' Gelsi da piantarsi premurosamente, dicendo a buona equità, che desiderava l'Altezza di Toscana, che si moltiplicasse quanto più era possibile negli Stati suoi tale fruttuosa Pianta, poichè con la moltiplicazione d'essa poteva rimaner qui gran quantità di danaro, che per comprare la Seta si mandava fuora; oltrechè la Seta nostrale era eziandio molto migliore, che quella del Regno; e così goder noi di quella benignità d'aere, e di quella fertilità di terreno nel suo produrre, di cui la provvidenza ci ha dotati.

Tra gli Arbori, cui l'antica Gentilità rendè celebri, e cospicui, quelli vi furono, che alle false Deità son dedicati, la protezione delle quali ad essi la prisca superstizione attribuiva. Quindi fu, che il bel Lauro si vede consacrato essere stato ad Apolline, *Phoebus amat laurum*; l'altro Pino a Cibele; l'annosa Querce a Diana, ed altresì a Giove de' Numi padre; siccome al medesimo l'Elce; il Frassino a Marte; la pampinosa Vite a Bacco; l'odoroso Cedro all' Eumenidi; l'Edera insinuantesi, a Bacco, e ad Iside; il delicato Ulivo a Pallade; a Cupidine, o sia Venere il Mirto; il Melagrano a Giunone; il Cipresso a Libitina, rimaso gerogifico de' mortorj; il Tasso a Proserpina; il Faggio a Diana; ad Arpocrate, il Pesco; ad Ercole il Pioppo; al Dio Genio il Platano dilettoso. Di ciò non tacque ordinatamente Fedro d'Augusto Liberto, toccando in una sua Favola questi pochi:

Olim quas vellent esse in tutela sua
Divi legerunt arbores: Quercus Iovi,
Et Myrtus Veneri placuit, Phoebo Laurea,
Pinus Cybele, Populus celsa Herculi.

Anche alla Dea Pace fu attribuito l'Ulivo, il quale per vedersi delle Divine Carte nella Genesi all'VIII. e similmente de' Regi al IV. in segno di vera pace aver portato in bocca la colomba dentro dell' Arca, può derivare dalla Sacra Scrittura da' Gentili malmenata.

Vanta

Vanta però altri pregj la Pianta del Gelso, o Moro,
Che Tisbe, e il suo Signor vermiglia fero;
riconosciuta pur troppo dagli altri Alberi non manco nobile, per quanto non abbia la tutela d'alcun Nume. Scorgo io in lei una gloria viemaggiore, di trovarsi nominata nelle sacre veraci Pagine dal Reale Cantore nel Salmo settantesimosettimo: *Et occidit in grandine vineas eorum, & Moros eorum in pruina*, giusta la volgata.

Oltre di ciò il Moro vien ricevuto per simbolo della Prudenza, come lo è della Fortezza la Quercc, della Giustizia la Palma, e della Vittoria altresì; e come della Temperanza è segnale il Salcio. Il Moro adunque per questo viene a simboleggiar la Prudenza, perciocchè non anticipa, non affretta, non precipita, qualmente talun altro Arbore fa, il suo mettere, per cui ad ogni poco d'intempestività, perde il fiore insieme, ed il frutto. Questa nostra graziosa Pianta condottasi alla ridente stagione, tramanda tosto le vaghe sue produzioni, ed in poche propizie notti fa mostra di aver germogliato viemaggiormente, ed il suo fero aggrandisce, e matura con ispeditezza, compensando l'indugio della sua mossa; e ciò affine che i cocenti raggi per la sopravvegnente stagione non l'uccidano, o danneggino. Quindi Eschine alla provida tardanza alludendo, legge in sua lingua presso Ateneo *Moro maturior*.

Il non aver io trovata mentovata sì util Pianta da molti Scrittori, di cui abbonda il Lazio, salvochè da Virgilio, da Ovidio, da Palladio, da Plinio, mi diè sospetto, ch'ella venisse annoverata tra le Piante straniere, ed *esotiche*, quali son quelle, di cui favella il Sig. Gio. Francesco Giorgetti nel Poemetto del Filugello:
E il Granato, ed il Cedro, ed il Ciriegio,
Il Cotogno, l'Arancio, l'Albicocco,
Da varie a noi lontane piagge addutti;
giacchè tali Piante, parte dall'Affrica, e parte dall'Asia vennero a noi trasmesse. Il Cedro, e l'Arancio, per toccar di loro, pervennerci dall'Assiria, e dalla Media, don-

de i pomi fur nominati *Mala Assyria*, *Mala Medica*. Il frutto Albicocco dall'Armenia; il Pesco, o come fuor di quì si dice, il Persico dalla Persia; il Melagrano da i contorni di Cartagine; al qual oggetto *Malus Punica* si dice; il Melocotogno da Cidone di Creta, onde *Malus Cidonia*; ed il Ciriegio, latinamente *Cerasus*, da Cerasunte Città del Ponto. Ed in fatti un'Inscrizione Pesciatina, che di sotto con opportunità riferiremo, addimanda il Moro *exoticam plantam*. Della frutta poi, o picciolo pomo della pianta del Moro i racconti dell'Anonimo d'Utopia, per suo vero nome Ortensio Lando, mostrano, che il primo, che gustasselo dolce, com'egli è, fosse stato un tal Caustio da Cotrone Città marittima della Calabria, ove la industre nutrizione de' Filugelli molto anc'oggi è in vigore. E se questo pur fosse, che in Cotrone tali Arbori venissero trasmessi dalla Grecia, meno maraviglioso si renderebbe, che dagli Scrittori Greci più a proporzione di quel, che si faccia da' Latini, si trovino mentovati i Gelsi, cioè da Sofocle, da Eschine, da Oppiano, da Teofrasto, da Ateneo, e da alcuni altri da annoverarsi.

Ma conciossiachè scriva un assai erudito, e dotto Letterato il Sig. Giovanni Targioni Tozzetti ne' suoi Viaggi, che la cultura de' Gelsi nel paese di Pescia è antica quanto in qualsisia parte della Toscana, sarebbe d'uopo indagare la sua prima introduzione. Che se non si vuol prestare intera fede al Sansovino, e ad altri con lui, che i Vermi da seta furono già portati in Europa, ove non erano, l'anno del Signore 535. o pure a Polidoro Virgilio, che a tal venuta assegna il 555. in circa, dicendo *circiter annum salutis 555. ingens serici copia per totam Europam fieri coepit, cum per idem tempus duo Monachi, velut Procopius auctor Graecus tradit, vermiculorum semen, hoc est ova, ex Serinda Indiae Civitate ad Iustinianum Imperatorem Constantinopolim attulerit*: o sivvero al celebre Muratori, che nell'anno 551. la pone; co' quali Vermi venir potè pure agli Europei l'ordinario alimento, o cibo degli stessi la foglia
de'

de' Mori; converrà altre prove cercare dell'allignare in Toscana. Dissi ordinario alimento de' Filugelli esser tal foglia; ma non mi è ascoso, che in mancanza di lei talora l'Ortica renduta trattabile, e non pungente, è stata al caso. Ciò per altro del cibo non fia sicuro, leggendosi nel Muratori Dissert. 25. *Invenio in Capitulari de Villis Caroli Magni, & in Breviario rerum Fiscalium eiusdem Augusti, edito per Eccardum, Morarios scilicet arbores, nunc nobis* Mori, Gallis Meuriers: *sed minime liquet, an eorum foliis Bombyces alerentur.*

Quello, che rispetto all'Italia ne trovo io, è che per asserto di Ottone Frisingense l'Arte della Seta fu qui introdotta nel duodecimo secolo da Ruggiero Re di Sicilia dopo di aver saccheggiata l'Attica, e il Peloponneso, conducendoci il seme de' Filugelli, e gli artefici da lavorar la seta; ed appunto in tal secolo sembra, che si scorgano di bel principio le Fiorentine memorie della Arte della Seta, detta di Por S. Maria.

Al proposito poi della foglia del Moro intieramente tornando, io dico, che in Venezia avanti all'anno 1300. i Mori si conoscevano, giacchè mancato di vivere in quello in Firenze un certo Andrea Moroni Veneziano, che faceva per Arme gentilizia un Moro Gelso, al suo Sepolcro nella Chiesa nostra di S. Croce insieme con tal Arme fu inciso:

SEP. ANDREE MORONI DE VENETIIS
DEFVNTI IN PEREGRINATIONE
PETRI ET PAVLI APOSTOLORVM
ANNO DŇI MCCC.

di Famiglia esso venuta innanzi qui più modernamente, come per altr'Arme, ed inscrizione in Ognissanti appare.

Noti erano i Gelsi eziandio a' Bolognesi, dappoichè Piero de' Crescenzi di Bologna Patrizio, che nacque nel 1230. e che *publicae utilitati exposuit de omnibus Agriculturae partibus Libros duodecim*, parlò di pratica de' Gelsi, e scrisse, che allora erano ben conosciuti.

Non men sicuro è, che noi avevamo la nota contrada, in Firenze fino sul fine del secolo antecedente, che del Moro portava il nome, siccome nelle memorie dell'Ufizio de' Capitani d'Or S. Michele si legge, cioè via del Moro, e questo per un Gelso, che vi aveva, non mica piantato d'allora. Ed anco ne' Protocolli di Ser Ridolfo di Ticcio al nostro Archivio Gen. sotto l'anno 1304. tale strada così si addimanda.

Or se i Gelsi erano almeno almeno della divisata antichità in Pescia, giacchè si dice essere ivi antichi quanto in qualsivoglia paese; come va la bisogna quando le Memorie di Pescia stessa ci referiscono, che da paesi stranieri venne, non allora, ma assai dopo, trasportata in quella riguardevol Terra, oggi Città, la Pianta *esotica* del Moro da longinqui paesi per opra di un Concittadino della medesima, rendutosi per questo avvenimento appunto chiaro non poco, e famoso? Già di ciò non lascia mentire la cospicua effigie di lui col Moro nelle mani, e con questi versi appostile per decreto del Consiglio Generale di quella Comunità espressi a perpetua ricordanza nel pubblico Palazzo:

IO SON FRANCESCO. IO SON QVEL BVONVICINO
CH'ALLA MIA PATRIA DONAI QVESTA PIANTA
DALLA QVAL NACQVE POI RICCHEZZA TANTA
CHE IN OGNI LVOGO SI NOME IL DELFINO.

vale a dire, che in ogni luogo si mentovi Pescia, divisata col pesce Delfino insegna del luogo. Checchè si divisi quì della ricchezza, che i Mori arrecarono a quel Paese, assicura D. Placido Puccinelli, che cent'anni sono sormontava i settantamila scudi l'anno: cosa, che fa chiaro vedere quanto debbano stare a cuore ad ogni buon Cittadino simili investigamenti, e giustifica me, e mi dà coraggio per trattare in questo Luogo ai vantaggi dell'Agricoltura destinato, di sì bell'opra.

Nè pur è a caso altra simigliante rassembranza, e ben antica dell'Introduttore stesso, che si conservava di pittura, o d'altro, in Pescia pure, tra le domestiche mura del Dottor Giovanni Buonvicini successore di quello, con inoltre il tempo preciso, così:

FRANCISCI BONVICINI QVI PRIMVS EXOTICAM MORI PLANTAM IN SVAM PATRIAM ADVEXIT ICONEM HANC BENEFITII ET HONORIS ERGO IN PISCIENSI SENATV CIVES POSVERE ANNO MCCCCXXXV. APPOSITIS QVI EXTANT E REGIONE METRIS VBI ADHVC ADSERVATVR.

Ma e come s'intenderà sì fatta introduzione, e cominciamento del 1435. con Legge de' 3. di Aprile di esso anno, se le premure de' Pesciatini per la foglia del Moro erano di lungo tempo anteriori, ben veggendosi negli Statuti di quella Terra, la quale tiene d'averli originali dell'anno 1340. dopo che Mastino della Scala diedela a' Fiorentini con Altopascio, essere stato ordinato, che colà si piantassero de' Gelsi?

E poi, che fu sola Pescia ad interessarsi nel 1435. e prender parte in questo lucroso traffico? Narra pur l'Ammirato nel Lib. XVIII. dell'Istorie sue, che dodici anni avanti al beneficio fatto dal Buonvicini, cioè l'anno 1423. fu data permissione in Firenze, che ci si potesse portar foglia di Mori, e nudrire i Filugelli, affine di trarne seta, senza gabella di sorte alcuna? Vero è che il dire dell'Ammirato non ne stabilisce epoca, ma par, che distrugga piuttosto l'aggravio di qualche gabella, che prima potevavi essere, secondo che io raccolgo dagli spogli dell'Archivio delle Riformagioni, ove sotto quest'anno divisato 1423. si comanda *quod Filugelli, & folia Mori mitti possint intra Civitatem absque solutione gabellae;* e ciò in un Libro segnato di lettera K. a carte 10. Dal che sospetto io, che si debba inferire, che de' Filugelli, che fin allotta si facevano fuor di Firenze per aver ivi la foglia pronta, e apparecchiata, si fosse dato libero allevamento in Città, e fors'anche con esso conceduta la cultura de' Mori dentro le mura di Firenze, o se fuor di quelle, il trasporto della foglia, schivo, ed esente di gabella. E bene nel Libro degli

gli Statuti dell' Arte di Por S. Maria esistenti nell' Archivio di essa, leggevasi pochi anni sono quanto appresso 1423. *Ricordo, che nel 1423. per l' Arte si cominciò a fare i Filugelli in Firenze, e furno eletti sei Cittadini a farci fare l' esercizio de' Filugelli bigatti, e tirarne la Seta.*

Ma senza tanto ristringersi al secolo decimoquinto, come si potrebb' egli sostenere il fiorire dell' Arte della Seta nella nostra Città per più secoli innanzi, quando non avessimo avuto o dentro, o fuori dell' istessa i Gelsi di qualche sorta? Bisognerà, credo io, immaginare, che di qualche specie di Mori, o più al caso, come più sustanziosa, o più abbondevole di foglia si parli ove dell' anno 1435. si ragiona ne' monumenti sopraccennati, e sì in quel, che dice coerentemente nell' Istoria MS. di Pescia Francesco Galeotti.

Io non saprei meglio rassomigliar questo voluto nuovo trovamento, che col rammentar ciò, che seguì quando Filippo di Matteo Strozzi edificatore splendido del gran Palazzo di tal Famiglia, aggiunse alle delizie delle nostre mense verso l' anno 1466. il Fico gentile, conducendone di Napoli la piantazione. Già da gran secoli aveva allora la Città nostra de' fichi, ma non eran della qualità stessa, non tanto buoni, e gustosi, quanto quegli portatici tal prima volta dallo Strozzi. Or tanto appunto a mio giudizio vorranno esprimere sì l' Istoria MS. del Galeotti, sì i monumenti sopra riportati, cioè, che il Buonvicini altri Mori da quegli, che vi si trovavano, e differenti, e migliori in Pescia trasportasse.

Del che facendo gran caso, stimo, tenendo dietro a' Latini, e Greci antiquati Scrittori, che non sia lontano dal vero il mio indovinare. E prima di qualunque altro Autore vo notando in Ovidio rappresentanteci la Favola di Piramo, e di Tisbe, che il sentimento di quella sia altrettale secondo Lodovico Dolce nel Canto VIII.

E le More, che bianche erano avante,
Preser sembianza, come or l' hanno; oscura
Il sangue fece effetto somigliante.

Che penetrò nella radice dura;
Intanto per trovare il caro amante
Ripiena ancor d'affanno, e di paura
Lasciò lo speco la Donzella, e tenne
Il calle sì, che alla fontana venne.
   La va cercando in questa parte, e in quella
   Con l'animo, e con gli occhi, e già valea
   Trista contargli il gran periglio, ch'ella
   Con molto suo timor fuggito avea;
   Quando sotto la pianta ombrosa, e bella
   Vede, che steso il giovane giacea.
   Ma guardando le negre More un poco,
   Dubitò pria, che quel non fosse il loco.

Al qual passo delle Trasformazioni fece allusione il nostro Dante così nel Purgatorio al 27.

   Come al nome di Tisbe aperse il ciglio
   Piramo in sulla morte, e riguardolla
   Allorchè il Gelso diventò vermiglio:

Non essendo punto nuovo qualora voleano i Poeti disegnare d'una pianta una variata specie, lo assegnarle una Favola, sendosi fatto ciò anco della Violetta bianca nel cangiarne di bianco in rosso il colore quando *Cypridis sanguine tincta est*. Anche il faceto Burchiello par, che volesse in tal guisa far eco ad Ovidio:

   Piramo s'invaghì d'un fuseragnolo
   Appiè del Moro bianco in diebus illi.

Già appresso Plinio, ed i Greci Poeti si mostra il frutto del Moro di più colori. Da Sofocle giusta la versione:

   Videbis alba Mora primum, postea
   Mori rubescunt fructus, atque pinguntur:

laonde in due specie vien dal Poeta qui partito (siccome in due dal moderno Niccolò Lemery) ed in tre dall'antico Eschine secondo Ateneo:

   Moris in albis, & nigri succi simul
   Gravatur arbos, atque pictis murice.

Comprendesi parlar de' Gelsi in generale le sacre Carte dicendo, che tal pianta stante il mettere l'ultima la Primavera, non soffre del gielo gli acciacchi (al qual senso è consentaneo il proverbio: *Esser lontano quanto il Gennaio dalle More*) imperciocchè quando il Profeta canta, che l'Altissimo *occidit in pruina Moros eorum*, inferisce a mio credere, che a tutti gli alberi nocque la pruina uccidendo perfino i Mori. In modo non dissimile Palladio, che in generale ne discorre fra i Latini, siccome Crescenzio, che piglia da lui.

In generale talora, e in dubbio, del Moro bianco piuttosto, altri Poeti, massime Ovidio, che ne ricava un miglioramento sopravvenuto del Moro, qualora lasciò d'esser bianco a cagione della tintura in quel sangue accaduta, e ciò in sembianza di quel, che succedette della accennata Viola bianca nel divenir sanguigna. Ben si vide, che ad una specie di frutto altra talora se ne faceva sottentrare, e senza il moderno acquisto de' fichi Gentili, si sa dell'antico Lucullo, che avanti che a Roma portasse il vero Ceraso, vi aveva il tenace Cornoceraso, o come l'Alamanni esprime:

Il suo minor fratel Corno silvestre.

Qui poi l'Alamanni menzionato mi fa risovvenire di quel, che altrove egli afferma, cioè, che il Cedro innestato sul Moro

Di sanguigno color può fare il frutto.

E siccome Teofrasto agli animali le piante rassomiglia, così un Moro verdeggiante, e crespo paragona al capo d'un Moro, od Etiope il Greco Oppiano nel Libro IV. della Pescagione; il perchè in un altro luogo viene a nominar lanugini i corti capelli delle piante.

Ma checchè sia di ciò; che non è di questo luogo il disputare; se a me sia lecito l'indovinare delle varie specie di Mori menzionate negli Scrittori, qual fosse quella, che trasferì il Buonvicini in Pescia, io dirò, che fosse quella del Gelso nero, o si dica rosso, a differenza del bianco, cioè di Mora bianca. Il Porta non divise questa pianta, se non in due, accumulando nella seconda il rosso, ed il nero, che egli chiama *salvatico*, come appresso il Buonvicini si dice *esotico*: laddove il bianco l'appella lo stesso Porta *domestico*, che si vede

esser

esser quello, che ho mostrato aver noi avuto ne' nostri paesi, di lunghissima mano. In fatti, tra le Lettere, che scrive Andrea Naugero Gentiluomo Veneziano, vi ha la Lettera quarta a Mess. Gio. Batista Rannusio; siccome nel Viaggio, che l'istesso Naugero in altro tempo pose in carta, fatto alla Corte di Carlo V. Imper. in sì fatta guisa racconta. *Non è in Granata gente di grande entrata, eccetto alcuni Signori, che hanno Stato in quel Regno. Del resto il più de' Cristiani sono mercatanti, e fanno assai faccende di seta, che in tutto quel Regno è perfettissima. Non si pascono i vermi in quelle parti di foglie di Moro bianco; nè hanno essi altro, che Mori negri: dal che si può comprendere, che la foglia del Moro negro è quella, che fa la seta buona.* Scriveva il Naugero l'ultimo di Maggio del 1526. Or acconciamente in conferma di ciò Fr. Agostino del Riccio dell'Ordine de' Pred. uomo, che per la molta erudizione nella Storia naturale non merita d'esser ricordato senza lode, nel suo secondo Tomo dell'Agricoltura sperimentale MS. al capo 60. così dell'elezione de' buoni semi: *Siamo all' anno 1596. Non vi erano (dentro Firenze) i Mori rossi, o Gelsi detti, che oggi si sono cominciati a seminare in Firenze; e il primo campo, che io veddi con mio molto contento, fu nel bellissimo Giardino de' Pitti, appo la Fonte di Bovoli, che gli aveva seminati Bartolommeo Nerini Fiorentino Giardiniere veterano, e pratichissimo*, sotto il governo del Granduca Ferdinando I. de' Medici.

E quì prende forza maggiore la mia congettura de' Mori rossi, per un raffinamento da miglior pensare derivato in alcuna parte, e non per tutto, perchè sebbene nel 1419. in cui il Cronista Buonaccorso Pitti annoverando gli Alberi fruttiferi del Giardino di Boboli, che era suo, non ci dà contezza, che ivi fossero Gelsi d'alcuna spezie, pur tottavia non fu mai quella di quest'Arbore in generale un'attenzione negletta fin lì, e dipoi, massime nel Principato, mentre con Bando del dì 16. di Giugno 1576. *Del dover piantare Gelsi*, si ordina da Cosimo I. che bene atteso il benefizio della fruttuosa Pianta, a qualunque per-

persona avente poderi, o terreni nella Valdelsa, cioè nelle Podesterie di S. Gimignano, di Colle, di Poggibonsi, di Barberino, di Castelfiorentino, e di Certaldo, debba per di lì a tutto il mese d'Aprile 1578. aver piantato, ò posto nelle sue terre, e beni, quattro arbori di Gelsi per ciascun par di buoi, che lavorino tali terreni, sotto pena di lire una, e soldi dieci per pianta non posta, da pagarsi pe' due terzi dal Padrone, e per l'altro dal Contadino, con dichiarazione, che il Padrone abbia a comprar le piante, ed il Villano porle, e custodirle. E che nessuno sia ardito di tagliarne senza licenza di Gio: Caccini a ciò deputato da quell'Altezza. Nè questo sol Bando per la piantagione, e cultura de' Gelsi, ma altro se ne trova coerente de' 27. Luglio pure 1576. altro de' 13. Aprile 1590. altro de' 4. Gennaio susseguente, altro degli 11. Agosto 1594. simile de' 6. Marzo dell' anno appresso, altro del Settembre 1599. ed uno finalmente de' 29. di Gennaio 1607. comandandone tutti una doviziosa piantazione sì nel terreno de' particolari, quanto in tutte le ripe, e carbonaie de' felicissimi Stati di Toscana. Di questi Alberi così proficui si studiò eziandio di parlarne in rapporto al Real Giardino di Boboli, il celebre Tilli nel Catalogo delle Piante dell'Orto Pisano, dicendo: *De Mori, vulgo Celsi satione, cultura, putatione doctè disseruit charta palante cum iconibus supradictae arboris, evulgavitque Florentiae anno 1699. D. Ferdinandus Donnini Regis Viridariis Praefectus, vir elegantis ingenii, & Botanicae rei peritissimus.*

Or per tornare omai al caso nostro, sembra, che per secondare le premure avute dalla Rep. Fior. sino dell'anno 1423. di migliorare, e render viepiù fecondo di ricchezza l'artificio della seta, dal Levante traesse nella Terra di Pescia con evento migliore l'anno 1435. non i Mori, che vi aveva, ma bensì i Mori neri, o si dicano rossi Francesco di Piero Buonvicini di quella Terra, di assai civil Casata, la qual produsse poi il P. Fra Domenico Buonvicini Domenicano, compagno del Padre Savonarola nel soffrire l'eccidio del 1497. sulla Piazza de' de' Signori di Firenze; e dalla quale fortì un secolo dipoi Antonio Buonvicini da Pescia, Religioso Barnabita, uomo di molta virtù, e di lettere, di cui il Conte Mazuchelli. Avevano questi Buonvicini nella lor Terra un negozio di Spezieria, per occasione del quale intraprese, io mi penso, un util viaggio l'introduttore de' Mori Francesco, onde in Ser Federigo Cenci Pesciatino si legge al nostro Generale Archivio l'anno 1438. *Actum in Terra Pisciae in apotheca Pieri Iohannis Bonvicini.* E sett'anni dipoi *Apotheca Andreae, & Hieronymi Bonvicini*; nel qual anno, che fu il 1445. Piero del fu Gio. Buonvicini fe una donazione memorevole a Leonardo del già Antonio Boniti, Procuratore del Maestro Generale dell'Altopascio Bartolommeo degli stessi Boniti d'Orvieto. Francesco stesso introduttor de' Mori dopo considerabili compre mediante la penna del suddetto Notaio fatte, aveva il padronato nel 1445. della Cappella de' Santi Donato, ed Andrea in quella oggi Prepositura.

Ma dove, dove mi trasporta l'affezione a quelli, che danno forte mano al pubblico vantaggio? Tornando pur ora al sovrano braccio di chi ha regnato, osservo, che sul bel primo del governo di Cosimo III. de' Medici, cioè l'anno 1670. si derogò providamente alle ordinazioni degli Statuti Fiorentini Rubrica 68. *De uggiis incidendis, & de arboribus in certis casibus cedendis*, in tal guisa: *Si Potestati, vel alicui de Iudicibus, cuius civilium causarum querimonia facta fuerit de aliqua uggia Quercum, vel aliarum Arborum, quae non producerent fructus commestibiles ad usum hominis, seu alicuius Canneti, quae uggia sit prope bona vicini ad octo brachia, mensuranda ab ipso arbore, cuius removeri uggia postulaverit, dictus Dominus Potestas, & quilibet ex dictis suis Iudicibus teneatur, & debeat eam facere amoveri, & incidi iuxta terram infra quindecim dies post petitionem, vel denuntiationem sibi factam, quod arbores incidantur expensis eorum, quorum essent, & si non incidantur infra terminum sibi iniunctum &c. Potestas teneatur*

neatur ei tollere nomine poenae libras 25. florenorum parvorum, & incidi faciat illas, ut dictum est. Or disputandosi in quell'anno se compresi rimanevano nella proibizione i Gelsi, come pareva naturale, perchè non producono frutto mangereccio; così fu il Motuproprio dell'Altezza Sua.

Revocandosi benespesso in dubbio davanti il Magistrato della Parte, se le Piante de' Gelsi, o vero Mori restino comprese dalla generalità dello Statuto del Comune ,, *De uggiis incidendis, & de arboribus in certis casibus ce-* ,, *dendis* ,, registrato nel Libro chiamato della Luna in quel Tribunale, proibente il potersi tenere alle otto braccia da' Beni de' convicini Querce, ed altri Alberi, che non producbino frutto commestibile ad uso d'uomo, con particolar disposizione, che devano esser fatti tagliare vicino a terra fra giorni 15. dopo la fatta domanda. E volendo S. A. S. torre ogni ambiguità; considerata la pubblica utilità, che resulta da queste Piante a benefizio di tutto il popolo per il mantenimento dell'Arte della Seta; e che perciò probabilmente siano state reciprocamente tollerate da' convicini anco dentro al suddetto spazio del confine, e promulgate in diversi tempi varie Leggi penali, che proibiscono il poter tagliare, e provvedono perchè si vadano con ogni possibile diligenza multiplicando: E fatta ancora particolar reflessione al danno quasi inestimabile, che seguirebbe mentre dovessero tagliarsi tutte le sudd. Piante dentro all'otto braccia del confine, secondo la disposizione del sudd. Statuto. Perciò mossa S. A. S. da queste, e altre ragionevoli cause, si dichiara, vuole, e comanda, che sotto la generalità in quello contenuta non s'intendano comprese le Piante de' predetti Gelsi, ovvero Mori, qualsivoglia altra dichiarazione, e Sentenza in contrario non ostante.

Francesco Panciatichi 9. Giugno 1670.

Che è quanto per incitare ciascuno a così bella cultura, ho io saputo porre in veduta nel breve spazio concedutomi per a voi ragionare.

FINE.

LETTERA RESPONSIVA
DEL SIG. DOMENICO M. MANNI
AD UN AMICO

In cui dice il suo sentimento, mutabile all'occorrenza, circa i Cadaveri ignoti trovati in questi giorni nel Real Giardino di Boboli.

AMico Carissimo. Per esemplificare come stavano le estremità di Firenze, che vennero rinchiuse nel cerchio ultimo della Città poco dopo al principio del Secolo XIV. io non saprei paragonare il luogo di Boboli meglio, che a ciò, che era il Camaldoli d'Oltrarno nel 1250. descritto da me nelle *Notizie*, che io messi fuora richiestone, sopra il Sigillo, che nomina *Camaldoli* stampate nel 1770. oppure per dare un esempio di minor estensione, che non è Camaldoli, a quel che era dentro le nostre Porte a Pinti, ed a S. Gallo non tanto ne' Secoli primieri, ma eziandio nel Secolo XV. qualmente accennai nella mia *Vita di Bartolommeo Scala a car. 19.*

Verso l'Anno di nostra salute mille, e in quelli posteriori, era in piedi, ov'è l'alto della Città presente un sacro recinto di Chiese, amplo, ed occupante molto, intitolate ne' SS. Giorgio, Mamiliano, e Sigismondo Rè; Santo Martire il primo di gran devozione presso i Fiorentini, che ben altre Chiese di tal nome fondate aveano per la nostra Campagna; ed il secondo appellato spesso corrottamente San Miliano, noto anche oggi per un pozzo d'acqua, che vi è, tenuto in devozione, e mirabile per sanar malattie, che esiste nel presente ristretto dello Spirito Santo, ed appartiene all' Arte de' Maestri, al dir degli Scrittori. In tale sacro Edifizio portano le antiche Scritture, che vi riposava il Corpo di S. Mamiliano; ed il tutto conteneva tre

Chiese contigue, o sivvero vicine, poscia demolite, o incorporate, l'una fondata dopo l'altra.

Fa prova di questa pluralità il Priore di San Giorgio dell' Anno 1421. che domandò licenza all'Ordinario Fiorentino di poter concedere in S. Giorgio stesso una Chiesetta, che minacciava rovina, ai Maestri di pietre, e di legname, cioè a dire ai Muratori, che la chiedevano per loro Compagnia, con obbligo di restaurarla a loro spese, ed anche di mantenerla, conciossiachè portavano ad essa singolar devozione per essere in quella non solo la divisa, od arme de' Maestri, che è un'accetta, ma una Cappella intitolata ne' Santi quattro Coronati; da' quali Maestri ne son venuti quelli, che poscia ornarono colle statue de' quattro Santi una delle nicchie esteriori d'Orsammichele.

Di tale Edificio ne fa parola il Bullettone (famoso Libro per conoscere l'antichità di nostre Chiese) in occasione, che sul fine del Secolo X. il Vescovo Fiorentino diede a livello ad un tale appellato Giovanni, figliuolo di Alpertito, certi terreni di pertinenza di S. Giorgio, e S. Mamiliano, i quali scendevan giù fin verso Arno.

Nel 1103. si trova, che il Pontefice Pasquale Secondo conferma la tenuta di S. Giorgio al Vescovo di Fiesole.

Questo luogo antichissimo, da che si può aver memoria non ha certamente avuto altro nome, che di S. Giorgio &c. e talvolta nella guasta Lingua latina malamente da Notaio forestiero storpiato; e siccome di S Giorgio si è domandato il Poggio tutto per ogni parte (quantunque poi qualche porzione abbia preso il nome della Costa) conducente alla Porta a S. Giorgio, la quale ben conserva di questo primo Santo la figura in pietra, in tal guisa nel 1590. dovendosi fare per ordine del Granduca Ferdinando I. la Fortezza di Belvedere, il nome le si diè di Castel S. Giorgio, giacchè di prima tutta quella Montuosità appellata si era il Poggio di S. Giorgio.

Circa l'Anno 1190. fu la Chiesa di S. Giorgio colle sue pertinenze da Giovanni de Santis Vescovo nostro, e sì da' Parrocchiani, che eranvi, e parimente dai viventi allora della Famiglia de' Caciotti (che acquistata ne aveano padronanza) fu, dico, conceduta al Priore, e Convento di S. Andrea a Musciano dell'Ordine di S. Agostino, con la condizione, che

vi

vi dovessero tenere di continuo tre Canonici del loro Ordine, i quali vi celebrassero i Divini Ufizj, ed altri patti mantenessero.

Curiosa menzione di questo luogo voi avrete letta nel Novellino antico quando ivi, e per Firenze aveva corso la picciolissima moneta prisca addimandata medaglia, di valore d'un mezzo danaio picciolo; ove è scritto, che a San Giorgio, e sopra dimorava un tal Bito, uomo di Corte; e si avevavi un bel podere da fornire di frutti, e d'erbaggi il Mercato del Pontevecchio quasi ogni dì un tale chiamato Ser Frulli.

Credete pure che Parrocchia antichissima S. Giorgio aveva, e ben ampla, ed estesa, talmentechè Giulio Vescovo nostro verso la metà del Secolo XII. (crescendo in quel luogo la popolazione) ordinò a Pietro Piovano di S. Maria Impruneta, che facesse a spese di quella edificare un'altra Chiesa sotto, che fu S. Maria Soprarno, affine di levare il gran danno all'anime, che dalla lontananza ne nasceva. *Difficultatem*, si legge, *itineris, quo ad Ecclesiam Beati Georgii proceditur, diligenter considerans, propter quam populus degens in suburbio illo, quod extenditur a capite Pontis* (il Ponte vecchio, che era unico) *usque ad Portam; que Romana dicitur, sive usque ad locum, quod dicitur Magnoli* (presso S. Lucia, edificata si dice da Magnolo Buonaguisi) *non poterat ad iam dictam Ecclesiam commode, immò sine incommodo, & gravi conamine convenire*.

Conferma che a questa Chiesa fosse già unita la Canonica di S. Andrea a Mosciano de' Canonici Regolari un Lodo, che fe il sopramentovato Vescovo Giovanni successore di Giulio, perciocchè mostra, che nel 1211. il Priore della nuova Chiesa di S. Maria Soprarno mosso aveva lite a Decimense Priore di Mosciano appunto per l'affare della Parrocchia di S. Giorgio; laonde si convince di qualche sbaglio considerabile chi ha lasciato scritto, e che l'unione par che seguisse nel 1234. e per operazione del Vescovo Ildebrando.

Contigue a S. Giorgio, e di sua appartenenza erano alcune Case con Piazza, e Terreni, ed Orti, fabbricate, e seminati, ed anche di domicilio de' Monaci, e dell'Abate del Monastero di S. Piero di Moschero luogo in Mugello, di cui a lungo si parla nelle Istorie della Vita di S. Gio. Gualberto come Monastero da lui fondato, e del quale mi suggerirà materia di ragionare un Sigillo di esso, che ha almeno quattro Secoli. Quindi è, che in Ser Rustico di Moranduccio al nostro Archivio Generale se ne dà un cenno sotto l'Anno 1326. per conto di alcuni legati fatti *Ecclesie Sancti Petri de Moscheto, & Canonice de Mosciano*, e più chiaramente si legge in Ser Bartolo da Leccio ne' 29. di Maggio 1336. *Actum Florentie in Horto Monasterii Sancti Petri de Moscheto posito justa domos dicti Monasterii sitas in Populo Sancti Georgii presentibus testibus Dopno Placito Abbate dicti Monasterii de Moscheto Florentine Diocesis, & Presbitero Petro Canonico dicte Ecclesie de Mosciano*. E più sotto *Actum in Populo Sancti Georgii in domo Abbatis de Moscheto*.

Abbiamo in Ser Tommaso di Fronte, che l'Anno 1402. Don Bartolommeo del Maestro Giovanni da Siena allora Abate dell'Abbazia di Moscheto vendè a Ser Giovanni di Petrino da Montaione Notaio Fiorentino a vita di esso Ser Giovanni tre Case contigue con Orto, Loggia, e più altri comodi poste nel Popolo di S. Giorgio, luogo detto a S. Giorgio, *cui a primo Platea Sancti Georgii, a secundo via, a tertio Monasterii Sancte Marie* della Neve, a quarto del Monastero di Moscheto. E ben il celebre Giovanni Lami nelle Memorie della Chiesa Fiorentina Tomo II. pagina 1480. e seguenti comprova il mio di sopra asserto con dire, che l'An. 1435. Tommaso Castellani teneva la nostra Chiesa, e S. Andrea a Mosciano.

Rettore nel 1264. e sì nel 1286. era di S. Giorgio un tal Prete Orlando. Nel 1340. poi un Messer Giovanni, essendochè nella fondazione ivi di una Cappella, ed Altare da farvisi, vi si nomina, *Maffeus Baldi Ridolfi Populi Sancti Georgii*, il quale dona a Giovanni Priore della medesima Chiesa fiorini cencinquanta *pro Cappella, & Altari faciendo in dicta Ecclesia in honorem Sancti Mattei*:

Dipoi nel 1412. Messer Tommaso di Messer Vanni Castellani si trova Rettore, poichè in Ser Bartolo Giannini ne' 21. d'Aprile di detto Anno si legge *Convocatis omnibus Canonicis Ecclesiarum Canon: Sancti Andreae de Mosciano, & Sancti Georgii de Florentia ad sonum campanule dicte Ecclesie Sancti Georgii, de mandato Presbiteri Francisci Cappellani in d. Ecclesia Sancti Georgii, Vicarii, & Procuratoris Venerabilis viri Dom.*

Tomasi Dom. Vannis de Castellanis Prioris dictæ Ecclesiæ &c.
E Messer Tommaso eravi anche Priore nel 1435. e fu alloraquando, ad istanza di Cosimo, e Lorenzo figliuoli di Giovanni de' Medici il Sommo Pontefice Eugenio IV. vi messe al governo i Frati Predicatori di S. Domenico di Fiesole, i quali vi soggiornarono forse circa due anni, ottenendo dal Pontefice la permuta di questo luogo in quello del Convento di S. Marco di Firenze, posseduto allora da' Padri Silvestrini della Congregazione di Montefano; ed i Silvestrini per non abbandonare affatto Firenze furono costretti a tornare in S. Giorgio verso il 1437. Dipoi Papa Niccolò V. l'unì a S. Salvi l'Anno 1448.

Nel 1458. Neri di Bicci Pittore dipigne per Damiano Galigaio in Porta Rossa una tavola da Altare per questa Chiesa, e nel 1460. un'altra a petizione di Bartolommeo Corsellini, siccome un'altra simile ne ha fra mano nel 1461. per qui, ordinatagli da Paolo Parigi Merciaio in Porta Santa Maria.

E qui non debbo lasciar di dirvi una particolarità, che del nostro Fra Mariano di Giovanni Salvini Vescovo di Cortona sfuggì dalla penna del Dottor Cerracchini, o d'altri, che di lui hanno ragionato a lungo; ed è che in Ser Bartolommeo di Lorenzo di Iacopo Adami al nostro Archivio sotto l'Anno 1459. 17. di Giugno si narra *Actum in Ecclesia Sancti Georgii de Florentia, presentibus testibus Iohanne olim Antonii Parigi Cartolaio Populi Sancti Georgii, Rev. in Christo Pater, & Dominus Frater Marianus de Florentia Ordinis Servorum, Episcopus Cortonensis, indutus paramentis &c. Altare Sanctæ Mariæ situm in Ecclesia Sancti Georgii per Societatem, & seu homines Societatis Sancti Georgii erectum, & constructum juxta ritum Sanctæ Matris Ecclesiæ consecravit, & consecrationis gratia in dicto Altari Reliquias Sanctorum Lionardi, & undecim millium Virginum immisit.*

Dopo tutte le accennate cose subentrarono in una parte di questo gran luogo le Monache Valombrosane, che uscite dal Monastero di S. Verdiana in numero di undici (non l'Anno 1530. come per isbaglio nel Tomo X. del Richa a tenor di un MS. bensì nel 1520.) occuparono quel tanto che tiene al giorno d'oggi la Chiesa, unitamente col Monastero intitolato dello Spirito Santo; con lasciar fuori gran parte di quel, che apparparteneva a San Giorgio, dove pare a me (correggetemi se io prendo sbaglio) che non vi sia dubbio, che mancato dalla parte di Boboli quel molto, che vi era rimaso di edificio, e fabbricatasi ivi nel Principato della Casa Medicea alcuna abitazione per chi serviva nel Giardino di esso Boboli, nel demolirsi ora questa, ciò, che si scopre in questi giorni, sia, e non altro un Sepolcreto di S. Giorgio, o di altra delle tre Chiese: e se pure in questo convenite meco, notate, che i Cimiteri per antico erano talvolta discosto dalle respettive Chiese, e servanno d' esempio il lastrone scoperto il dì 14. d'Ottobre 1722. di Ser Neri Cedernelli Prete di S. Romolo in Piazza, che fu tratto fuori di sotto le Case degli Antellesi, ed il Sarcofago appartenente peravventura alla Chiesa di S. Maria Ughi scoperto alquanti Anni sono in buona distanza da quella Chiesa.

Parlano chiaro le memorie lasciateci, con dire che, venute meno le Chiese di sopra additate, e nel porre sossopra ciò, che era di pertinenza a quella, già cento, e più anni sono non si vedeva, nè si trovava più ove fossero le annose Sepolture di quelle Chiese, e sol si sapeva esservi stati sepolti alcuni della Casa Papini con non so quale Iscrizione. Di più coadiuvano il mio concepimento le notizie lasciate dal fu eruditissimo Giovanni Baldovinetti portando, che San Giorgio allorchè vi era, tornava vicino a dove è la Fortezza di Belvedere.

Chi poi immaginasse, che tutte tre le Chiese di S. Giorgio ec. fossero cangiate nella presente dello Spirito Santo, non potrà trovare in questa le molte Sepolture, che una Parrocchia sì antica, e cotanto dilatata, qual fu S. Giorgio dovrebbe in quel caso conservare.

Ed a ben considerare lo stato delle tre Parrocchie: S. Giorgio circa il mille; S. Maria Soprarno principiata nel 1150. S. Mar. Maddalena nel 1174. come mai poteva sembrare sì grande incomodo per quei di Via de' Bardi, e delle Case poi rovinate, il salire dove è ora lo Spirito Santo? e non anzi più lontano, e discosto, come indica un sentiero più adatto, che mette, fra l'altre Stradelle, che la Costa ritiene da quel lato, a quella immediatamente passato lo Spirito Santo conducente ad un pozzo pubblico, dimodochè fosse stato di mestieri ad ogni costo per isfuggire un gran viaggio il creare apposta una nuova Parrocchia, qual fu quella di S. Maria Soprarno, come io vi nar-

narrai di sopra. E se parimente S. Giorgio fosse stato soltanto quel, che è il luogo dello Spirito Santo, a che fine lì vicino, e nella medesima strada, cioè dove tornano ora le Cucine del Palazzo Tempi, fondarvi nuova Chiesa Parrocchiale, qual fu quella di S. Maria Maddalena? Non veggio io esser un gran tratto da una Stradina, ora riserrata, e che era poco lungi da quella, che oggi dicesi la volta de' Fratini, per condursi alla Chiesa dello Spirito Santo. Oltre a tutto questo chi ne assicura, che le altre due Chiesette, di S. Mamiliano, e di S. Sigismondo, con tutto che non fossero Parrocchie, non potessero avere delle Sepolture?

Ma giacchè il discorso ha portato a parlar delle Monache, di leggere non vi incresca, che nel 1416. a' 19. d'Ottobre un tal Frate Agostino di Bartolo per le Monache di S. Girolamo chiamate alcuna volta, come vedremo, di S. Giorgio, comprò per fiorini 235. alcune Case nel Popolo di S. Giorgio, che erano delle Monache di S. Maria della Neve, le quali nel 1360. cominciato avevano ad abitare in alcune Case con Oratorio sulla Costa; dove non molto si trattennero, passando altrove, cioè fino al 1383. Dirò eziandio, che nel 1488. 17. di Settembre *Convocatis ad Capitulum Monachis Sancti Salvii &c. Dominus Hieronymus Abbas dixit Monasterium Sancti Georgii de Florentia fuit, & est incorporatum, & annexum dicto Monasterio Sancti Salvii, & quod Ortus dicti Monasterii Sancti Georgii confinat a duobus lateribus cum Orto, & bonis Monasterii Monialium Sancti Hieronymi tertii Ordinis Beati Francisci vulgariter nuncupati* il Monastero delle Donne di S. Giorgio *de Florentia* ,, e che tra il detto Orto di S. Giorgio, e l'Orto,
,, e i beni delle Monache del Venerabil Convento di S. Felicita
,, non vi è muro, ma vi è una certa siepe, e facilmente per
,, l'Orto di S. Giorgio si può discendere nell'Orto, e ne' beni
,, delle dette Monache di S. Felicita, e per detta causa le dette
,, Monache non possono permanere in detti beni, perchè di fa-
,, cile possono essere vedute da tutti, che stiano in detto Orto
,, di S. Giorgio, e vorrebbero esse Monache di S. Felicita a lo-
,, ro proprie spese fare un muro, talmentechè non si possa entra-
,, re nell'Orto del detto Monastero, nè esser viste da chi è nell'
,, Orto di S. Giorgio; e detto muro non possono fare sopra i
,, beni di esse Monache senza gran difficultà, e spesa, ed anco-
,, ra.

,, ra poſſono eſſer viſte in detto Orto, e beni, i quali beni di
,, eſſe Monache ſono molto in baſſo luogo, ed eſſi Frati di S.
,, Salvi ſono ſuperiori, e ſovraſtano ad eſſe Monache ,, Così in Ser
Paolo di Amerigo Graſſi all' Archivio Generale.

Io mi ſono prolungato in rammentare tutto il ſeguito quì, affine di levare quei ſoſpetti ſtranieri ſtati concepiti, che nel luogo ſteſſo de' Cadaveri aveſſe avuto padronanza il Monaſtero di S. Felicita, del qual non veggo documento. Solamente ho trovato, che la muraglia vecchia della Città fu venduta nel 1254. dal Comun di Firenze alle Monache forſe per valerſi dei materiali. Il Monaſtero di eſſe, e l'antico luogo prima che vi foſſero, computando dal Secolo IV. della redenzione fino al dì d'oggi non ha mai mancato di Cimitero anneſſo a S. Felicita, ciò che ho fatto vedere ne' *Principj della Religion Criſtiana*, ed altrove.

Nè mi quadra, che ove i Cadaveri ſono, foſſevi ſtato un Sepolcreto in tempo di peſte, con avvertire, che gli appeſtati non ſi ſeppellivano a fior di terra al freſco, e non ſi concedeva tempo di murare per eſſi i Sarcofagi.

Voi, che mi avete interrogato ſul preſente trovamento ſapete, che qualche coſa io ho raccolto intorno agli avvenimenti di quelle Chieſe, che o prima, o poi in qualchè maniera influiſcono, od hanno influito nel Real Giardino.

A buona equità parravvi, ch'io abbia fatto d'una moſca un liofante, o che io mi ſia meſſo a trattare della Patria d'Omero. Portate in pace queſta lunghezza, e vogliatemi bene.

Di Caſa a' 12. Agoſto 1774.

IN FIRENZE MDCCLXXIV.
PER GAETANO CAMBIAGI STAMPAT. GRANDUCALE.

CON LICENZA DE' SUPERIORI.

Printed by Libri Plureos GmbH in Hamburg, Germany